예레미야의 예언을 기록하는 바룩

이에 예레미야가 네리야의 아들 바룩을 부르매 바룩이 예레미야가 불러 주는 대로 여호와께서 그에게 이르신 모든 말씀을 두루마리 책에 기록하니라

(예레미야 36:4)

주님의 은혜를 사모하며 성경을 옮겨 쓰자

성경은 하나님의 감동으로 영감된 말씀이다. 성경 외에 기록된 하나님의 말씀은 없다. 성경은 신앙과 신학의 법칙으로 신앙과 행위, 예배, 인간 구원에 대한 계시의 완성이다. 성경은 과학적, 역사적, 윤리적으로 무오하며 해석과 인용의 무오, 뿐만 아니라 보도의 불통일성에 무오하며 기타, 난제에 오류가 없다.

하나님께서 인간에게 전달하시고자 하는 구원에 관한 계시를 인간 저자로 하여금 언어, 경험 등은 자유롭게 사용케 하되, 오류가 없도록, 성경의 모든 부분들, 문자, 사상들 모두에 영감되었다. 하나님께서 저자의 전 인격을 사용하시되 오류가 없도록 감동하신 것이다.

오늘날 우리가 소중히 여기는 성경책은 하나님의 말씀을 기록하겠다는 위대한 믿음의 거성들의 견고한 신앙과 희생에서 유래된 결정체이다. 그들은 성경 필사 시 '하나님'의 이름이 등장할 때마다, 몸을 깨끗이 씻고, 정결하게 한 뒤, 마음을 다잡고 다시 붓을 들었다고 한다. 그렇게, 그들은 성경을 필사하여 사본을 만드는 일에 일생을 바쳤던 것이다.

성경 66권을 옮겨 쓴다는 것은 주님을 사랑하고 하나님의 말씀을 사랑한다는 확실한 증거이다. 성경을 한자, 한자 신령과 믿음으로 쓰는 이로 하여금 하나님을 만나게 하고, 영안이 활짝 열리게 한다. 필사하는 시간은 그 자체가 기도하는 시간이 된다. 성경필사는 눈으로 읽었을 때랑 사뭇 다르며, 하나님의 은혜를 충만케 경험하게 해 준다. 대단한 인내와 정성과 더불어 함께한 필사는 한절 한절이 영의 양식이 되어 삶을 풍성하게 하고, 주님의 은혜를 사모하는 마음이 믿음을 더욱 견고하게 해 준다.

김 영 무 목사

Jesus loves You

님께

사랑의 선물로 드립니다.

주후 년 월 일

드림

필사성경 기록표

구약

구약																																				
창세기	1	2	3	4	5	6	7	8	9	10	11	12	13	14	15	16	17	18	19	20	21	22	23	24	25	26	27	28	29	30	31	32	33	34	35	36
	37	38	39	40	41	42	43	44	45	46	47	48	49	50
출애굽기	1	2	3	4	5	6	7	8	9	10	11	12	13	14	15	16	17	18	19	20	21	22	23	24	25	26	27	28	29	30	31	32	33	34	35	36
	37	38	39	40
레위기	1	2	3	4	5	6	7	8	9	10	11	12	13	14	15	16	17	18	19	20	21	22	23	24	25	26	27
민수기	1	2	3	4	5	6	7	8	9	10	11	12	13	14	15	16	17	18	19	20	21	22	23	24	25	26	27	28	29	30	31	32	33	34	35	36
신명기	1	2	3	4	5	6	7	8	9	10	11	12	13	14	15	16	17	18	19	20	21	22	23	24	25	26	27	28	29	30	31	32	33	34
여호수아	1	2	3	4	5	6	7	8	9	10	11	12	13	14	15	16	17	18	19	20	21	22	23	24
사사기	1	2	3	4	5	6	7	8	9	10	11	12	13	14	15	16	17	18	19	20	21
룻기	1	2	3	4
사무엘상	1	2	3	4	5	6	7	8	9	10	11	12	13	14	15	16	17	18	19	20	21	22	23	24	25	26	27	28	29	30	31
사무엘하	1	2	3	4	5	6	7	8	9	10	11	12	13	14	15	16	17	18	19	20	21	22	23	24
열왕기상	1	2	3	4	5	6	7	8	9	10	11	12	13	14	15	16	17	18	19	20	21	22
열왕기하	1	2	3	4	5	6	7	8	9	10	11	12	13	14	15	16	17	18	19	20	21	22	23	24	25
역대상	1	2	3	4	5	6	7	8	9	10	11	12	13	14	15	16	17	18	19	20	21	22	23	24	25	26	27	28	29
역대하	1	2	3	4	5	6	7	8	9	10	11	12	13	14	15	16	17	18	19	20	21	22	23	24	25	26	27	28	29	30	31	32	33	34	35	36
에스라	1	2	3	4	5	6	7	8	9	10
느헤미야	1	2	3	4	5	6	7	8	9	10	11	12	13
에스더	1	2	3	4	5	6	7	8	9	10
욥기	1	2	3	4	5	6	7	8	9	10	11	12	13	14	15	16	17	18	19	20	21	22	23	24	25	26	27	28	29	30	31	32	33	34	35	36
	37	38	39	40	41	42
시편	1	2	3	4	5	6	7	8	9	10	11	12	13	14	15	16	17	18	19	20	21	22	23	24	25	26	27	28	29	30	31	32	33	34	35	36
	37	38	39	40	41	42	43	44	45	46	47	48	49	50	51	52	53	54	55	56	57	58	59	60	61	62	63	64	65	66	67	68	69	70	71	72
	73	74	75	76	77	78	79	80	81	82	83	84	85	86	87	88	89	90	91	92	93	94	95	96	97	98	99	100	101	102	103	104	105	106	107	108
	109	110	111	112	113	114	115	116	117	118	119	120	121	122	123	124	125	126	127	128	129	130	131	132	133	134	135	136	137	138	139	140	141	142	143	144
	145	146	147	148	149	150
잠언	1	2	3	4	5	6	7	8	9	10	11	12	13	14	15	16	17	18	19	20	21	22	23	24	25	26	27	28	29	30	31
전도서	1	2	3	4	5	6	7	8	9	10	11	12
아가	1	2	3	4	5	6	7	8
이사야	1	2	3	4	5	6	7	8	9	10	11	12	13	14	15	16	17	18	19	20	21	22	23	24	25	26	27	28	29	30	31	32	33	34	35	36
	37	38	39	40	41	42	43	44	45	46	47	48	49	50	51	52	53	54	55	56	57	58	59	60	61	62	63	64	65	66
예레미야	1	2	3	4	5	6	7	8	9	10	11	12	13	14	15	16	17	18	19	20	21	22	23	24	25	26	27	28	29	30	31	32	33	34	35	36
	37	38	39	40	41	42	43	44	45	46	47	48	49	50	51	52
예레미야애가	1	2	3	4	5
에스겔	1	2	3	4	5	6	7	8	9	10	11	12	13	14	15	16	17	18	19	20	21	22	23	24	25	26	27	28	29	30	31	32	33	34	35	36
	37	38	39	40	41	42	43	44	45	46	47	48
다니엘	1	2	3	4	5	6	7	8	9	10	11	12
호세아	1	2	3	4	5	6	7	8	9	10	11	12	13	14
요엘	1	2	3
아모스	1	2	3	4	5	6	7	8	9
오바댜	1
요나	1	2	3	4
미가	1	2	3	4	5	6	7
나훔	1	2	3
하박국	1	2	3
스바냐	1	2	3
학개	1	2
스가랴	1	2	3	4	5	6	7	8	9	10	11	12	13	14
말라기	1	2	3	4

신약

신약																												
마태복음	1	2	3	4	5	6	7	8	9	10	11	12	13	14	15	16	17	18	19	20	21	22	23	24	25	26	27	28
마가복음	1	2	3	4	5	6	7	8	9	10	11	12	13	14	15	16
누가복음	1	2	3	4	5	6	7	8	9	10	11	12	13	14	15	16	17	18	19	20	21	22	23	24
요한복음	1	2	3	4	5	6	7	8	9	10	11	12	13	14	15	16	17	18	19	20	21
사도행전	1	2	3	4	5	6	7	8	9	10	11	12	13	14	15	16	17	18	19	20	21	22	23	24	25	26	27	28
로마서	1	2	3	4	5	6	7	8	9	10	11	12	13	14	15	16
고린도전서	1	2	3	4	5	6	7	8	9	10	11	12	13	14	15	16
고린도후서	1	2	3	4	5	6	7	8	9	10	11	12	13
갈라디아서	1	2	3	4	5	6
에베소서	1	2	3	4	5	6
빌립보서	1	2	3	4
골로새서	1	2	3	4
데살로니가전서	1	2	3	4	5
데살로니가후서	1	2	3
디모데전서	1	2	3	4	5	6
디모데후서	1	2	3	4
디도서	1	2	3
빌레몬서	1
히브리서	1	2	3	4	5	6	7	8	9	10	11	12	13
야고보서	1	2	3	4	5
베드로전서	1	2	3	4	5
베드로후서	1	2	3
요한1서	1	2	3	4	5
요한2서	1
요한3서	1
유다서	1
요한계시록	1	2	3	4	5	6	7	8	9	10	11	12	13	14	15	16	17	18	19	20	21	22

† 필사한 만큼 색펜이나 형광펜으로 표시하세요.

† 성경을 평일에 3장, 주일에 5장을 쓰시면 일년에 완필 할 수 있습니다.

† 하루 24시간의 십일조를 드리면 성경필사를 일년에 완필 할 수 있습니다.

† 한 가정에서 식구끼리 서로 나눠 필사 할 수도 있습니다.

너희가 성경에서
영생을 얻는 줄 생각하고
성경을 연구하거니와
이 성경이 곧 내게 대하여
증거하는 것이로다
(요한복음 5장 39절)

주바라기

필사성경

"여호와를 경외하며
그의 길을 걷는 자마다 복이 있도다."

시편 128편 1절

제 권

- 필사원본 :
- 필 사 자 :
- 필사한범위 :
- 시작한날 : 년 월 일
- 마감한날 : 년 월 일

"주의 말씀의 맛이 내게 어찌 그리 단지요 내 입에 꿀보다 더 하나이다" (시편 119:103)

주바라기 필사성경 쓰는 법

창세기 ········ 성경의 책명을 큰 글씨로 쓴다

1 장 1 절 ~ 1 장 23 절 ········ 한 페이지에 필사한 장, 절수를 쓴다

한 장이 시작되는 곳에 장수를 크게 쓴다 ········ 1

1 태초에 하나님이 천지를 창조하시니라
2 땅이 혼돈하고 공허하며 흑암이 깊음 위에 있고 하나님의 영은 수면 위에 운행하시니라
3 하나님이 이르시되 빛이 있으라 하시니 빛이 있었고
4 빛이 하나님이 보시기에 좋았더라 하나님이 빛과 어둠을 나누사
5 하나님이 빛을 낮이라 부르시고 어둠을 밤이라 부르시니라 저녁이 되고 아침이 되니 이는 첫째 날이니라
6 하나님이 이르시되 물 가운데에 궁창이 있어 물과 물로 나뉘라 하시고

한 절이 시작되는 곳에 절수를 크게 쓴다 ········

7 하나님이 궁창을 만드사 궁창 아래의 물과 궁창 위의 물로 나뉘게 하시니 그대로 되니라
8 하나님이 궁창을 하늘이라 부르시니라 저녁이 되고 아침이 되니 이는 둘째 날이니라
9 하나님이 이르시되 천하의 물이 한 곳으로 모이고 뭍이 드러나라 하시니 그대로 되니라
10 하나님이 뭍을 땅이라 부르시고 모인 물을 바다라 부르시니 하나님이 보시기에 좋았더라
11 하나님이 이르시되 땅은 풀과 씨 맺는 채소와 각기 종류대로 씨 가진 열매 맺는 나무를 내라 하시니 그
12 대로 되어, 땅이 풀과 각기 종류대로 씨 맺는 채소와 각기 종류대로 씨 가진 열매 맺는 나무를 내니 하
나님이 보시기에 좋았더라
13 저녁이 되고 아침이 되니 이는 셋째 날이니라
14 하나님이 이르시되 하늘의 궁창에 광명체들이 있어 낮과 밤을 나뉘게 하고 그것들로 징조와 계절과 날
과 해를 이루게 하라
15 또 광명체들이 하늘의 궁창에 있어 땅을 비추라 하시니 그대로 되니라
16 하나님이 두 큰 광명체를 만드사 큰 광명체로 낮을 주관하게 하시고 작은 광명체로 밤을 주관하게 하
시며 또 별들을 만드시고
17 하나님이 그것들을 하늘의 궁창에 두어 땅을 비추게 하시며 ········ 한 절이 바뀔 때마다 단을 바꿔 필사한다
18 낮과 밤을 주관하게 하시고 빛과 어둠을 나뉘게 하시니 하나님이 보시기에 좋았더라
19 저녁이 되고 아침이 되니 이는 넷째 날이니라
20 하나님이 이르시되 물들은 생물을 번성하게 하라 땅 위 하늘의 궁창에는 새가 날으라 하시고
21 하나님이 큰 바다 짐승들과 물에서 번성하여 움직이는 모든 생물을 그 종류대로, 날개 있는 모든 새를
그 종류대로 창조하시니 하나님이 보시기에 좋았더라
22 하나님이 그들에게 복을 주시며 이르시되 생육하고 번성하여 여러 바닷물에 충만하라 새들도 땅에 번
성하라 하시니라
23 저녁이 되고 아침이 되니 이는 다섯째 날이니라

주의 말씀의 맛이 내게 어찌 그리 단지요 내 입에 꿀보다 더 다니이다 (시편 109: 103)

2022년 1 월 1 일 No 1 ········ 필사한 날짜와 페이지 번호를 쓴다

일러두기

1. 성경은 하나님의 영감과 감동으로 된 것이다. 따라서 인간적인 열정이나 노력으로 성경을 써서는 안 된다.
   성령의 감동과 역사하심에 따라 믿음으로 정성스럽게 한자, 한자 쓰여져야 한다.
2. 성경은 오늘날 우리에게 친히 말씀하시는 하나님의 메시지이다. 따라서 생각없이 막연히 옮겨 써서는 안 된다.
   하나님의 말씀을 쓰는 동안 한구절, 한구절 내게 말씀하시는 하나님의 음성을 듣기를 사모하며 써야 한다.
3. 하나님의 자녀로서 겸손과 경건한 자세로 써야 한다. 취미로 성의없이, 행정서류 정리하듯이 써서는 안 된다.
   필사시간은 하나님께로부터 말씀을 듣는 귀한 순간이므로, 매일 시간을 정해 놓고 쓰도록 해야 한다.
   매일 쉬지 않고 성경을 필사하면 날로날로 확고한 신앙 성장을 경험하게 된다.
4. 성경을 필사하는 과정에서 그 행위가 성령의 역사를 방해하지 않도록 마음을 추스려야 한다.
   성령의 임재를 경험할 때는 쓰기를 중단하고 신령과 진정으로 기도하라.
5. 매일 매일 성경을 옮겨 쓰는 작업은 정성과 인내를 겸비한 믿음 행위이기 때문에, 기도로 시작하고 기도로 마쳐야 한다.
6. 하나님을 찬양하고 찬송으로 영광 돌려야 한다. 찬양은 하나님을 영화롭게 하고, 기쁨으로 은혜 생활을 계속 간직할 수 있다.
   미흡하고 흉악한 죄인이 하나님의 말씀을 옮겨 쓸 수 있음을 감사하고 하나님께 영광 돌리며, 찬양을 드려야 한다.

장 절~ 장 절

나의 언약은 생명과 평강의 언약이라 내가 이것을 그에게 준 것은 그로 경외하게 하려 함이라 . . . (말 2:5)

년 월 일 No

장 절~ 장 절

장 절~ 장 절

장 절~ 장 절

장 절~ 장 절

장 절~ 장 절

장 절~ 장 절

장 절~ 장 절

장　　절～　　장　　절

장 절~ 장 절

장 절~ 장 절

장 절~ 장 절

장 절~ 장 절

장 절~ 장 절

장 절~ 장 절

나의 언약은 생명과 평강의 언약이라 내가 이것을 그에게 준 것은 그로 경외하게 하려 함이라 . . . (말 2:5)

년 월 일 No

장 절~ 장 절

장　절～　장　절

장 절~ 장 절

너희는 먼저 그의 나라와 그의 의를 구하라 그리하면 이 모든 것을 너희에게 더하시리라 (마 6:33)

년 월 일 No

장 절~ 장 절

장 절~ 장 절

장 절~ 장 절

장 절 ~ 장 절

장 절~ 장 절

장 절~ 장 절

장 절~ 장 절

장 절~ 장 절

장　절～　장　절

장 절~ 장 절

장 절~ 장 절

장 절~ 장 절

장　절～　장　절

네 시작은 미약하였으나 네 나중은 심히 창대하리라 (욥 8:7)

년　월　일 No

장 절~ 장 절

장 절~ 장 절

너희는 먼저 그의 나라와 그의 의를 구하라 그리하면 이 모든 것을 너희에게 더하시리라 (마 6:33)

년 월 일 No

장 절~ 장 절

장 절~ 장 절

가르침을 받는 자는 말씀을 가르치는 자와 모든 좋은 것을 함께 하라 (갈 6:6)

년 월 일 No

장 절~ 장 절

장 절~ 장 절

장 절 ~ 장 절

장 절~ 장 절

사람이 마음으로 자기의 길을 계획할지라도 그의 걸음을 인도하시는 이는 여호와시니라 (잠 16:9)

년 월 일 No

장 절~ 장 절

장 절~ 장 절

장 절~ 장 절

장 절~ 장 절

믿음의 주요 또 온전하게 하시는 이인 예수를 바라보자 . . . (히 12:2)

년 월 일 No

장　절 ~　장　절

우리가 시작할 때에 확신한 것을 끝까지 견고히 잡고 있으면 그리스도와 함께 참여한 자가 되리라 (히 3:14)

년　월　일 No

장 절~ 장 절

장 절 ~ 장 절

풀은 마르고 꽃은 시드나 우리 하나님의 말씀은 영원히 서리라 하라 (사 40:8)

년 월 일 No

장 절~ 장 절

장 절~ 장 절

장 절~ 장 절

너희는 먼저 그의 나라와 그의 의를 구하라 그리하면 이 모든 것을 너희에게 더하시리라 (마 6:33)

년 월 일 No

장　　절 ~　　장　　절

장 절~ 장 절

장 절~ 장 절

장　절~　장　절

장 절~ 장 절

사람이 마음으로 자기의 길을 계획할지라도 그의 걸음을 인도하시는 이는 여호와시니라 (잠 16:9)

년 월 일 No

장 절~ 장 절

장 절~ 장 절

너희 안에 이 마음을 품으라 곧 그리스도 예수의 마음이니 (빌 2:5)

년 월 일 No

장 절~ 장 절

장 절~ 장 절

믿음의 주요 또 온전하게 하시는 이인 예수를 바라보자 . . . (히 12:2)

년 월 일 No

장 절~ 장 절

장 절~ 장 절

장 절~ 장 절

장 절~ 장 절

장 절~ 장 절

장 절~ 장 절

너희는 먼저 그의 나라와 그의 의를 구하라 그리하면 이 모든 것을 너희에게 더하시리라 (마 6:33)

년 월 일 No

장 절~ 장 절

장 절~ 장 절

장 절~ 장 절

나의 구원과 영광이 하나님께 있음이여 내 힘의 반석과 피난처도 하나님께 있도다 (시 62:7)

년 월 일 No

장 절~ 장 절

장 절~ 장 절

장 절~ 장 절

장 절~ 장 절

너희 안에 이 마음을 품으라 곧 그리스도 예수의 마음이니 (빌 2:5)

년 월 일 No

장 절~ 장 절

장 절~ 장 절

장 절~ 장 절

장 절~ 장 절

나의 언약은 생명과 평강의 언약이라 내가 이것을 그에게 준 것은 그로 경외하게 하려 함이라 . . . (말 2:5)

년 월 일 No

장 절~ 장 절

장 절~ 장 절

장 절~ 장 절

너희는 먼저 그의 나라와 그의 의를 구하라 그리하면 이 모든 것을 너희에게 더하시리라 (마 6:33)

년 월 일 No

장 절~ 장 절

가르침을 받는 자는 말씀을 가르치는 자와 모든 좋은 것을 함께 하라 (갈 6:6)

년 월 일 No

장 절~ 장 절

장 절~ 장 절

장 절~ 장 절

장 절~ 장 절

장 절~ 장 절

장 절~ 장 절

장 절 ~ 장 절

장 절~ 장 절

장　절~　장　절

우리가 시작할 때에 확신한 것을 끝까지 견고히 잡고 있으면 그리스도와 함께 참여한 자가 되리라 (히 3:14)

년　월　일 No

장 절~ 장 절

장　절 ~ 　장　절

장 절~ 장 절

네 시작은 미약하였으나 네 나중은 심히 창대하리라 (욥 8:7)

년 월 일 No

장 절~ 장 절

장 절~ 장 절

너희는 먼저 그의 나라와 그의 의를 구하라 그리하면 이 모든 것을 너희에게 더하시리라 (마 6:33)

년 월 일 No

장 절 ~ 장 절

장 절~ 장 절

가르침을 받는 자는 말씀을 가르치는 자와 모든 좋은 것을 함께 하라 (갈 6:6)

년 월 일 No

장 절~ 장 절

장 절~ 장 절

나의 구원과 영광이 하나님께 있음이여 내 힘의 반석과 피난처도 하나님께 있도다 (시 62:7)

년 월 일 No

장 절~ 장 절

장 절~ 장 절

장 절~ 장 절

장 절~ 장 절

장 절~ 장 절

너희 염려를 다 주께 맡기라 이는 그가 너희를 돌보심이라 (벧전 5:7)

년 월 일 No

장 절~ 장 절

믿음의 주요 또 온전하게 하시는 이인 예수를 바라보자 . . . (히 12:2)

년 월 일 No

장 절~ 장 절

나의 언약은 생명과 평강의 언약이라 내가 이것을 그에게 준 것은 그로 경외하게 하려 함이라 . . . (말 2:5)

년 월 일 No

장 절 ~ 장 절

장 절~ 장 절

장 절~ 장 절

장 절~ 장 절

장 절 ~ 장 절

장 절~ 장 절

장 절 ~ 장 절

장 절~ 장 절

장 절~ 장 절

장 절~ 장 절

사람이 마음으로 자기의 길을 계획할지라도 그의 걸음을 인도하시는 이는 여호와시니라 (잠 16:9)

년 월 일 No

장 절~ 장 절

너희 안에 이 마음을 품으라 곧 그리스도 예수의 마음이니 (빌 2:5)

년 월 일 No

장　절 ~　장　절

장 절~ 장 절

장 절~ 장 절

장 절~ 장 절

나의 언약은 생명과 평강의 언약이라 내가 이것을 그에게 준 것은 그로 경외하게 하려 함이라 . . . (말 2:5)

년 월 일 No

장　절～　장　절

풀은 마르고 꽃은 시드나 우리 하나님의 말씀은 영원히 서리라 하라 (사 40:8)

년　월　일 No

장 절~ 장 절

장 절 ~ 장 절

장 절~ 장 절

장 절~ 장 절

장　절～　장　절

가르침을 받는 자는 말씀을 가르치는 자와 모든 좋은 것을 함께 하라 (갈 6:6)

년 . 월　일 No

장　절~　장　절

나를 사랑하는 자들이 나의 사랑을 입으며 나를 간절히 찾는 자가 나를 만날 것이니라 (잠 8:17)

년　월　일 No

장　절~　장　절

장 절 ~ 장 절

장 절~ 장 절

장　절～　장　절

장 절~ 장 절

너희 안에 이 마음을 품으라 곧 그리스도 예수의 마음이니 (빌 2:5)

년 월 일 No

장 절~ 장 절

장 절~ 장 절

장 절 ~ 장 절

장　절 ~　장　절

장 절~ 장 절

장 절 ~ 장 절

장　절~　장　절

장 절~ 장 절

장　절~　장　절

가르침을 받는 자는 말씀을 가르치는 자와 모든 좋은 것을 함께 하라 (갈 6:6)

년　월　일　No

장 절 ~ 장 절

장 절~ 장 절

장　절 ~ 　장　절

하나님이여 사슴이 시냇물을 찾기에 갈급함 같이 내 영혼이 주를 찾기에 갈급하니이다 (시 42:1)

년　월　일 No

장 절~ 장 절

장　　절～　　장　　절

장 절~ 장 절

너희 안에 이 마음을 품으라 곧 그리스도 예수의 마음이니 (빌 2:5)

년 월 일 No

장 절~ 장 절

장　절~　장　절

장 절 ~ 장 절

장 절~ 장 절

장 절~ 장 절

장　　절 ~　　장　　절

장 절~ 장 절

너희는 먼저 그의 나라와 그의 의를 구하라 그리하면 이 모든 것을 너희에게 더하시리라 (마 6:33)

년 월 일 No

장 절~ 장 절

가르침을 받는 자는 말씀을 가르치는 자와 모든 좋은 것을 함께 하라 (갈 6:6)

년 월 일 No

장 절~ 장 절

장 절~ 장 절

나의 구원과 영광이 하나님께 있음이여 내 힘의 반석과 피난처도 하나님께 있도다 (시 62:7)

년 월 일 No

장 절~ 장 절

장 절~ 장 절

사람이 마음으로 자기의 길을 계획할지라도 그의 걸음을 인도하시는 이는 여호와시니라 (잠 16:9)

년 월 일 No

장 절~ 장 절

장 절 ~ 장 절

너희 안에 이 마음을 품으라 곧 그리스도 예수의 마음이니 (빌 2:5)

년 월 일 No

장 절 ~ 장 절

장 절~ 장 절

장 절~ 장 절

장 절~ 장 절

장 절~ 장 절

풀은 마르고 꽃은 시드나 우리 하나님의 말씀은 영원히 서리라 하라 (사 40:8)

년 월 일 No

장 절~ 장 절

장 절 ~ 장 절

장 절~ 장 절

나의 하나님이 그리스도 예수 안에서 영광 가운데 그 풍성한 대로 너희 모든 쓸 것을 채우시리라 (빌 4:19)

년 월 일 No

장 절~ 장 절

장　　절～　　장　　절

장　　절~　　장　　절

장 절~ 장 절

장　절~　장　절

장 절~ 장 절

너희 염려를 다 주께 맡기라 이는 그가 너희를 돌보심이라 (벧전 5:7)

년 월 일 No

장 절~ 장 절

장 절~ 장 절

장 절~ 장 절

장 절~ 장 절

장 절~ 장 절

네 시작은 미약하였으나 네 나중은 심히 창대하리라 (욥 8:7)

년 월 일 No

장 절~ 장 절

장 절 ~ 장 절

장 절~ 장 절

장 절~ 장 절

가르침을 받는 자는 말씀을 가르치는 자와 모든 좋은 것을 함께 하라 (갈 6:6)

년 월 일 No

장 절 ~ 장 절

장 절~ 장 절

장 절~ 장 절

장 절~ 장 절

장 절 ~ 장 절

장 절~ 장 절

장 절~ 장 절

너희 염려를 다 주께 맡기라 이는 그가 너희를 돌보심이라 (벧전 5:7)

년 월 일 No

장 절~ 장 절

장 절~ 장 절

장 절~ 장 절

장 절 ~ 장 절

장 절~ 장 절

장 절~ 장 절

장 절~ 장 절

장 절~ 장 절

장 절~ 장 절

가르침을 받는 자는 말씀을 가르치는 자와 모든 좋은 것을 함께 하라 (갈 6:6)

년 월 일 No

장 절~ 장 절

장 절~ 장 절

나의 구원과 영광이 하나님께 있음이여 내 힘의 반석과 피난처도 하나님께 있도다 (시 62:7)

년 월 일 No

장　절~　장　절

장　　절 ~　　장　　절

사람이 마음으로 자기의 길을 계획할지라도 그의 걸음을 인도하시는 이는 여호와시니라 (잠 16:9)

년　　월　　일　No

장 절 ~ 장 절

내가 가는 길을 그가 아시나니 그가 나를 단련하신 후에는 내가 순금 같이 되어 나오리라 (욥 23:10)

년 월 일 No

장 절~ 장 절

장 절 ~ 장 절

너희 염려를 다 주께 맡기라 이는 그가 너희를 돌보심이라 (벧전 5:7)

년 월 일 No

장　절~　장　절

장 절~ 장 절

장　절~　장　절

장 절 ~ 장 절

장 절~ 장 절

네 시작은 미약하였으나 네 나중은 심히 창대하리라 (욥 8:7)

년 월 일 No

장　　절~　　장　　절

장 절~ 장 절

장 절~ 장 절

장 절 ~ 장 절

가르침을 받는 자는 말씀을 가르치는 자와 모든 좋은 것을 함께 하라 (갈 6:6)

년 월 일 No

장 절~ 장 절

장 절~ 장 절

나의 구원과 영광이 하나님께 있음이여 내 힘의 반석과 피난처도 하나님께 있도다 (시 62:7)

년 월 일 No

장 절 ~ 장 절

장 절 ~ 장 절

장 절~ 장 절

장 절 ~ 장 절

장 절 ~ 장 절

장 절~ 장 절

장 절 ~ 장 절

장 절~ 장 절

나의 언약은 생명과 평강의 언약이라 내가 이것을 그에게 준 것은 그로 경외하게 하려 함이라 . . . (말 2:5)

년 월 일 No

장 절~ 장 절

장 절~ 장 절

장 절 ~ 장 절

장　절～　장　절

장 절~ 장 절

장 절~ 장 절

장 절~ 장 절

장　절~　장　절

장 절~ 장 절

장 절~ 장 절

장 절~ 장 절

장 절 ~ 장 절

장 절~ 장 절

장 절~ 장 절

장 절~ 장 절

풀은 마르고 꽃은 시드나 우리 하나님의 말씀은 영원히 서리라 하라 (사 40:8)

년 월 일 No

장 절~ 장 절

장 절 ~ 장 절

장 절~ 장 절

장　　절 ~　　장　　절

장 절~ 장 절

장　절～　장　절

장 절~ 장 절

장 절~ 장 절

사람이 마음으로 자기의 길을 계획할지라도 그의 걸음을 인도하시는 이는 여호와시니라 (잠 16:9)

장 절~ 장 절

장 절~ 장 절

장 절 ~ 장 절

장 절~ 장 절

장 절~ 장 절

장 절~ 장 절

장 절~ 장 절

장 절~ 장 절

장 절~ 장 절

장 절~ 장 절

장 절~ 장 절

장 절~ 장 절

가르침을 받는 자는 말씀을 가르치는 자와 모든 좋은 것을 함께 하라 (갈 6:6)

년 월 일 No

장 절~ 장 절

나를 사랑하는 자들이 나의 사랑을 입으며 나를 간절히 찾는 자가 나를 만날 것이니라 (잠 8:17)

년 월 일 No

장 절~ 장 절

장 절~ 장 절

장 절~ 장 절

장 절 ~ 장 절

장 절~ 장 절

너희 안에 이 마음을 품으라 곧 그리스도 예수의 마음이니 (빌 2:5)

년 월 일 No

장 절~ 장 절

장 절~ 장 절

장 절~ 장 절

장 절~ 장 절

장 절~ 장 절

네 시작은 미약하였으나 네 나중은 심히 창대하리라 (욥 8:7)

년 월 일 No

장 절~ 장 절

장　절～　장　절

장 절~ 장 절

장 절~ 장 절

장 절 ~ 장 절

나를 사랑하는 자들이 나의 사랑을 입으며 나를 간절히 찾는 자가 나를 만날 것이니라 (잠 8:17)

년 월 일 No

장 절~ 장 절

나의 구원과 영광이 하나님께 있음이여 내 힘의 반석과 피난처도 하나님께 있도다 (시 62:7)

년 월 일 No

장 절~ 장 절

장 절~ 장 절

사람이 마음으로 자기의 길을 계획할지라도 그의 걸음을 인도하시는 이는 여호와시니라 (잠 16:9)

년 월 일 No

장 절 ~ 장 절

장 절~ 장 절

장 절~ 장 절

장　　절～　　장　　절

장　절~　장　절

나의 언약은 생명과 평강의 언약이라 내가 이것을 그에게 준 것은 그로 경외하게 하려 함이라 . . . (말 2:5)

년　월　일 No

장 절~ 장 절

장 절~ 장 절

장 절~ 장 절

장 절~ 장 절

너희는 먼저 그의 나라와 그의 의를 구하라 그리하면 이 모든 것을 너희에게 더하시리라 (마 6:33)

년 월 일 No

장 절~ 장 절

장 절~ 장 절

가르침을 받는 자는 말씀을 가르치는 자와 모든 좋은 것을 함께 하라 (갈 6:6)

년 월 일 No

장　절～　장　절

장 절~ 장 절

장 절 ~ 장 절

하나님이여 사슴이 시냇물을 찾기에 갈급함 같이 내 영혼이 주를 찾기에 갈급하니이다 (시 42:1)

년 월 일 No

장 절~ 장 절

장　절~　장　절

장 절~ 장 절

장 절~ 장 절

장 절~ 장 절

장 절~ 장 절

장 절~ 장 절

장 절 ~ 장 절

장 절~ 장 절

네 시작은 미약하였으나 네 나중은 심히 창대하리라 (욥 8:7)

년 월 일 No

장 절~ 장 절

장 절~ 장 절

장 절~ 장 절

장 절~ 장 절

장　　절 ~　　장　　절

장 절~ 장 절

장 절~ 장 절

장　절~　장　절

사람이 마음으로 자기의 길을 계획할지라도 그의 걸음을 인도하시는 이는 여호와시니라 (잠 16:9)

년　월　일 No

장 절 ~ 장 절

장 절~ 장 절

장 절~ 장 절

장 절~ 장 절

장 절~ 장 절

장 절~ 장 절

네 시작은 미약하였으나 네 나중은 심히 창대하리라 (욥 8:7)

년 월 일 No

장 절~ 장 절

장 절~ 장 절

장 절~ 장 절

장 절~ 장 절

장 절~ 장 절

장 절~ 장 절

나의 구원과 영광이 하나님께 있음이여 내 힘의 반석과 피난처도 하나님께 있도다 (시 62:7)

년 월 일 No

장 절~ 장 절

하나님이여 사슴이 시냇물을 찾기에 갈급함 같이 내 영혼이 주를 찾기에 갈급하니이다 (시 42:1)

년 월 일 No

장　절~　장　절

장 절~ 장 절

장 절~ 장 절

장 절~ 장 절

장 절~ 장 절

장 절~ 장 절

나의 언약은 생명과 평강의 언약이라 내가 이것을 그에게 준 것은 그로 경외하게 하려 함이라 . . . (말 2:5)

년 월 일 No

장 절~ 장 절

장 절~ 장 절

장　절~　장　절

장 절~ 장 절

장 절~ 장 절

장 절~ 장 절

가르침을 받는 자는 말씀을 가르치는 자와 모든 좋은 것을 함께 하라 (갈 6:6)

년 월 일 No

장 절 ~ 장 절

장 절~ 장 절

나의 구원과 영광이 하나님께 있음이여 내 힘의 반석과 피난처도 하나님께 있도다 (시 62:7)

년 월 일 No

장 절~ 장 절

장 절~ 장 절

사람이 마음으로 자기의 길을 계획할지라도 그의 걸음을 인도하시는 이는 여호와시니라 (잠 16:9)

년 월 일 No

장 절~ 장 절

장 절~ 장 절

너희 안에 이 마음을 품으라 곧 그리스도 예수의 마음이니 (빌 2:5)

년 월 일 No

장　절~　장　절

너희 염려를 다 주께 맡기라 이는 그가 너희를 돌보심이라 (벧전 5:7)

년　월　일 No

장 절~ 장 절

믿음의 주요 또 온전하게 하시는 이인 예수를 바라보자 . . . (히 12:2)

년 월 일 No

주바라기 필사성경 제 권을 옮겨 쓰고 나서

성경을 옮겨 쓴 소감을 적어 보세요

년 월 일 시 분

예수 탄생

빨리 가서 마리아와 요셉과 구유에 누인 아기를 찾아서

(누가복음 2:16)